Copyright © für die deutsche Ausgabe

Parragon Books Ltd
Queen Street House
4 Queen Street
Bath BA1 1HE, UK

Übersetzung aus dem Englischen: Andreas Menkel, Köln
Redaktion und Satz: trans texas GmbH, Köln

ISBN 978-1-4054-8821-1
Printed in China

Die Rettungsaktion

Eines Tages treiben dunkle Wolken auf Bauer Bolles Hof zu. „Bebende Bohnenstange", ruft Bauer Bolle. „Da kommt ein ordentlicher Sturm auf."

„Ich bringe schnell die Wäsche rein", ruft seine Frau Fenja, „ehe sie weggeweht wird!"

„Wau!", bellt Harry, der Hirtenhund, und schnappt nach einem fliegenden Wäschestück.

„Niehiehie!" wiehert Pjotr, das Pferd, und kommt hinzu, um zu helfen. Dabei tritt er auf die saubere Wäsche.

Es blitzt und donnert. Die Kühe beginnen zu muhen und die Schafe zu blöken.

„Hilf mir, Harry!", ruft Bauer Bolle. „Wir müssen die Tiere in die Scheune treiben."

„Wau! Wau!", bellt Harry, und sie rennen zur Weide.

„Niehiehie!" wiehert Pjotr, das Pferd, und trottet hinterher, um zu helfen. Er erreicht das Gatter, gerade als Bauer Bolle und Harry die Kühe und Schafe hindurchtreiben.

Pjotr steht mitten im Weg.

„Oje", seufzt Pjotr, „um Kühe und Schafe zu treiben, bin ich zu langsam. Ich werde mich um die Enten und Hühner kümmern."

Er stampft mit den Hufen und stupst die Hühner zum Stall.

„Gaack! Gaack!", kreischen die Hühner und schlagen wild mit den Flügeln.

„Quak! Quak!", meckern die Enten.

„Oje", seufzt Pjotr, „ich bin nicht wendig genug. Ich bin nur ein nutzloser alter Gaul."

Endlich sind die Tiere sicher in der Scheune.

Trotzdem ängstigt einige das draußen tobende Gewitter.

„Ich werde etwas singen", sagt Bauer Bolle. „Das wird die Nerven beruhigen."

Dann legt er los.

„Bauer Bolle hat 'nen Hof,
heia, heia, ho.
Und auf der Farm da sind ...“

Auch die Tiere singen mit. „Muh!
Muh!“, brummen die Kühe, und die Enten
machen: „Quak! Quak!“ Als die Schafe
mit ihrem „Bäh! Bäh!“ einfallen, merkt
Pjotr, dass Sonja und die Ferkel fehlen.

Pjotr wiehert und scharrt mit den Hufen.

„Du bist noch nicht dran", sagt Bauer Bolle
lachend und singt weiter.

„Da laufen viele
Schweine rum,
heia, heia, ho.
Es macht ..."

Bauer Bolle wartet darauf, dass Sonja, das Schwein, mitsingt. Aber nur Pjotrs Scharren ist zu hören.

Plötzlich bemerkt Harry, was Pjotr sagen will. Er zupft Bauer Bolle am Ärmel.

Bauer Bolle schaut sich um. „Orgelnder Orkan!", ruft er. „Sonja und ihre Schweinchen fehlen."

Bauer Bolle und die Tiere rennen zum Schweinestall. Der Sturm ist vorüber. Aber ein großer Baum liegt vor dem Stalleingang.

„Oink! Oink!", quietscht Sonja und späht durch die Äste.

„Bockiges Bruchholz!", schimpft Bauer Bolle. „Sonja und ihre Kinder sind eingeschlossen. Wir müssen den Baum wegschaffen. Der Traktor passt nicht durch das Tor. Aber keine Bange – ich hab da eine Idee!", sagt er lächelnd.

Bauer Bolle verschwindet in seinem Schuppen. Die Tiere warten davor und lauschen dem Hämmern und Klopfen.

„Oje", wiehert Pjotr, „was Bauer Bolle wohl diesmal vorhat?"

Da öffnet sich die Tür, und Bauer Bolle kommt heraus.

„Das", sagt Bauer Bolle stolz, „ist die neue bewegliche Motor-Handsäge. Damit ist der Baum im Handumdrehen Kleinholz."

Bauer Bolle schiebt die bewegliche Motor-Handsäge zum Schweinestall. Er betätigt einen Hebel, und knatternd startet die Maschine.

„In Deckung", ruft Sonja durch das Dröhnen und Beben.

Immer schneller schwirrt die Säge. Peng!
Mit einem Knall reißen die Riemen.

„Keine Sorge", sagt Bauer Bolle. „Schieben
wir den Baum eben zur Seite."

„Hau ruck!" Bauer Bolle und die Tiere drücken und zerren, aber der Stamm rührt sich nicht vom Fleck.

„Keine Bange, Sonja, ich werde mir etwas ausdenken", verspricht Bauer Bolle.

„Wir sind nicht stark genug, um den Baum zu bewegen", gackert Herta, die Henne.

„Wir vielleicht nicht", sagt Karla, die Kuh, „aber ich kenne jemanden, der stark genug ist." Dabei sieht sie Pjotr an.

„Ich weiß nicht recht", murmelt Pjotr. „Ich bin nur ein nutzloser alter Gaul."

„Unsinn", sagt Sonja. „Harry, du musst es Bauer Bolle sagen."

Bauer Bolle sucht in der Scheune nach einem dicken Seil.

„Wau! Wau!" Laut bellend kommt Harry herein.

„Was ist los?", fragt Bauer Bolle und kratzt sich am Kopf. „Ich habe keine Zeit, mit dir zu spielen. Ich muss Sonja und ihre Jungen befreien."

„Wau! Wau!", bellt Harry und zerrt an Pjotrs altem Halfter.

„Warte! Ich hab da eine Idee!", ruft Bauer Bolle. „Ich weiß, wer den Baum wegziehen kann."

Schnell legt Bauer Bolle Pjotr den Halfter an. Daran befestigt er dicke Seile, die er um den Stamm bindet.

„Hau ruck!", ruft Bauer Bolle.

Pjotr stemmt sich in den Boden und zerrt an den Seilen.

Der Baum bewegt sich nicht.

„Hüh!", ruft Bauer Bolle, und Pjotr zieht. Langsam rutscht der Stamm vom Eingang des Schweinestalls weg.

Endlich sind Sonja und ihre Ferkel befreit.

„Ein Hoch auf Pjotr!", rufen alle Tiere begeistert.

„Was ist denn hier draußen passiert?“, fragt Fenja, die aus dem Haus kommt, um die Wäsche wieder aufzuhängen.

„Sonja und ihre Ferkel waren im Stall eingeschlossen, aber Pjotr hat sie befreit“, sagt Bauer Bolle. „Ich habe immer schon gesagt, dass Pjotr ein sehr nützliches Pferd ist!“

Fenja sieht Harry an und lächelt. Pjotr wiehert geschmeichelt. Schließlich ist er ein sehr nützliches Pferd.